La leçon de chocolat

THERESA MARRAMA

Copyright © 2021 Theresa Marrama
Interior art by Nikola Kostovski
Cover art by Sumit Roy
All rights reserved.
No part of this publication may be reproduced, stored in a retrieval system, or transmitted, in any form or by any means (electronic, mechanical, photocopying, recording or otherwise), without the prior written permission of Theresa Marrama.

ISBN: 978-1-7364064-6-5

We cannot heal the world today, but we can begin with a voice of compassion, a heart of love, an act of kindness.

– Mary Davis

TABLE DES MATIÈRES

Chapitre 1 : Claude 1

Chapitre 2 : Claude n'aime pas l'école 6

Chapitre 3 : Un projet 11

Chapitre 4 : La mère de Claude 17

Chapitre 5 : Luc 21

Chapitre 6 : À la chocolaterie 26

Chapitre 7 : Le chocolat 42

Chapitre 8 : Luc et ses 3 raisons 54

Chapitre 9 : Le projet 63

Chapitre 10 : Une leçon 66

Glossaire 75

ACKNOWLEDGMENTS

A big **MERCI BEAUCOUP** to
Françoise Piron, Jennifer Degenhardt, Wendy Pennett, Anny Ewing, and Melanie Tupaj for your attention to detail and all your feedback!

CHAPITRE 1

CLAUDE

C'est l'histoire d'un garçon. Il s'appelle Claude. Claude a 7 ans. Il est petit. Il est très petit pour son âge. Il est **marocain**[1]. Il est timide. Il aime passer du temps seul.

---

[1] **marocain** - from Morocco

Claude habite dans un appartement. Il habite dans un petit appartement en Belgique. Claude habite avec son père et sa mère.

La Belgique est un **pays**[2] en Europe. La Belgique est un petit pays.

---

[2] **pays** - country

Claude a un animal domestique. C'est un chien qui s'appelle Odie. Odie est petit. Odie est le **meilleur ami**[3] de Claude. Odie comprend Claude. Claude aime son chien parce qu'il **ne juge pas**[4] les humains et il est sympathique.

---

[3] **meilleur ami** - best friend
[4] **ne juge pas** - doesn't judge

CHAPITRE 2

Claude n'aime pas l'école

Claude n'aime pas l'école. L'école est difficile pour Claude. Il n'aime pas les devoirs. Il n'aime pas les livres. Il n'aime pas les projets. Il n'aime pas sa classe.

Il y a des garçons et des filles dans sa classe. Comme Claude, qui est marocain, il y a d'autres garçons de différentes origines ethniques. Il y a des grands garçons. Il y a des petits garçons. Claude est un des petits garçons.

Dans sa classe, il y a des garçons qui ne sont pas sympas. Ils sont méchants. Claude ne comprend pas les garçons méchants. Il ne comprend pas pourquoi ils sont méchants. Ils sont méchants avec tout le monde.

Ce groupe de garçons juge tout le monde. Ils jugent **ceux**[5] qui sont petits. Ils jugent ceux qui sont timides. Ils jugent ceux de différentes origines ethniques.

Et il y a Luc. Luc est un garçon de sa classe. Il est non seulement un garçon méchant, il est le plus méchant de la classe. Il juge tout le monde. Et quand Luc est absent, Claude est content.

---

[5] **ceux** - those

C'est lundi et Claude est en classe. Sa prof annonce :

« **Cette semaine**[6], on va parler des différences. Aujourd'hui, on va penser à trois (3) raisons pour **lesquelles**[7] on est différent. Ce jeudi, vous allez échanger vos papiers avec une autre personne de la classe.

Claude pense. « Comment est-ce que je suis différent ? Je suis différent parce que... »

---

[6] **Cette semaine** - this week
[7] **lesquelles** - which

Il écrit :

- **1. Je suis le plus petit de la classe.**

2. Je suis timide.

- **3. Je n'aime pas l'école parce que c'est difficile.**

CHAPITRE 3

Un projet

C'est mardi. Luc est en classe quand sa prof annonce :

– La classe va travailler sur un projet cette semaine. On a **un sujet**[8] à rechercher. **Vous allez**[9] travailler avec un ou une partenaire. Vous allez écrire une composition sur votre sujet et trouver une similarité et une différence entre votre sujet et vous, les personnes de la classe.

« UN PARTENAIRE ? NOOON ! Je ne veux pas de partenaire. » pense Claude.

---

[8] **un sujet** - a topic
[9] **vous allez** - you are going

Claude n'est pas content. Il n'aime pas les projets. Les projets sont difficiles et la majorité des sujets n'est pas intéressante.

Sa prof continue :

— Je vais vous donner un sujet sur la Belgique. Paul, tu vas rechercher les montres et tu vas travailler avec Baptiste. Pierre, tu vas rechercher les **gaufres**[10] et tu vas travailler avec Guy. Stéphane, tu vas rechercher le football et tu vas travailler avec Charles. »

---

[10] **gaufres** - waffles

Claude ne sait pas quel sujet il va rechercher, ou qui va **être**[11] son partenaire, mais il est sûr qu'il ne veut pas un garçon méchant comme partenaire.

Finalement, sa prof annonce :

— Et Claude, tu vas rechercher le chocolat. Demain je vais te donner un ou une partenaire. »

Claude **n'en croit pas ses oreilles**[12].

---

[11] **être** - to be
[12] **n'en croit pas ses oreilles** - can't believe his ears

« Le chocolat ! J'aime le chocolat ! » pense Claude.

Claude aime beaucoup le chocolat ! Il s'intéresse au chocolat. Claude est très curieux. Il veut apprendre des choses sur le chocolat.

Le chocolat est sa **sucrerie**[13] favorite. **Pour la première fois**[14], il aime un projet. Pour la première fois, il s'intéresse à l'école !

---

[13] **sucrerie** - candy
[14] **pour la première fois** - for the first time

CHAPITRE 4

La mère de Claude

La mère de Claude s'appelle Christine. Christine est intelligente. Christine est sympathique.

Elle comprend que Claude n'aime pas l'école. Claude ne veut pas passer du temps avec les autres garçons de sa classe. Elle est triste. Claude veut seulement passer du temps seul ou avec son chien, Odie.

Après l'école, Claude va à son appartement.

– Claude, l'école va bien ? Tu parles à des autres garçons de ta classe ?

– Non, maman, les autres garçons sont méchants. Et **on n'a rien en commun**[15]. Je ne veux pas parler aux autres garçons.

– Oh, Claude. Je suis sûre que tu as **quelque chose**[16] en commun avec un des garçons.

– Non, maman, les autres garçons sont méchants. Je ne suis pas méchant. On n'a rien en commun. Mais, finalement j'ai un

---

[15] **on n'a rien en commun** - we have nothing in common
[16] **quelque chose** - something

projet que j'aime ! Je vais faire des recherches sur le chocolat pour ma classe.

– Excellent ! Tu aimes le chocolat !

La mère de Claude comprend qu'il aime le sujet de son projet : le chocolat. Mais surtout, pour la première fois, elle voit que Claude est content. Il est content d'avoir un projet. Il est content de l'école. Mais elle est triste. Claude n'a pas d'amis à l'école. Elle n'aime pas quand les autres garçons de la classe sont méchants. Elle est triste parce que Claude n'a pas d'amis. Elle veut un ami pour Claude.

CHAPITRE 5

Luc

C'est mercredi. À l'école, quand Claude entre dans la classe, sa prof dit :

– Claude, je peux parler avec toi ?

Claude ne comprend pas. Il est timide. Il est nerveux.

Sa prof continue :

– Claude, tu n'as pas de partenaire. Et Luc, il n'a pas de partenaire. Tu vas travailler avec Luc sur le projet. D'accord ?

Claude regarde sa prof. C'est évident que Claude n'est pas content. Luc est un garçon très méchant. Non, Luc est le plus méchant de la classe. Il ne veut pas rechercher le chocolat avec Luc. Il veut rechercher le chocolat seul, mais il est **trop**[17] timide pour expliquer ça à sa prof.

Claude regarde **autour**[18] de lui. Il voit Luc. Luc est grand. Il est le plus grand garçon de la classe. Luc est avec le groupe de méchants garçons. Luc le regarde avec une expression bizarre. La prof regarde dans l'autre direction quand Luc jette un

---

[17] **trop** - too
[18] **autour** - around

papier à la tête (head) de Claude. Le groupe de garçons méchants **éclate de rire** (laugh)[19].

Claude regarde le papier. Il y a un dessin de 2 garçons. C'est évident qu'un garçon est Luc. Il est très grand et l'autre garçon est Claude. Il est très petit. Il y a une note sur le papier.

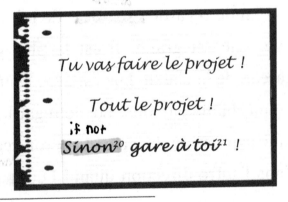

Tu vas faire le projet !

Tout le projet !

Sinon[20] gare à toi[21] ! (if not)

---

[19] **éclate de rire** - burst out in laughter
[20] **sinon** - if not
[21] **gare à toi** - watch out!

Claude pense : « Pourquoi moi ? Pourquoi est-ce que j'ai Luc comme partenaire ? On est différent. On est très différents. Il est méchant et je suis sympa. »

CHAPITRE 6

À la chocolaterie

C'est mercredi après l'école. La mère de Claude annonce :

– Claude, on va à la **chocolaterie**[22] !

---

[22] **chocolaterie** - chocolate shop

Claude est content. Il est très content ! Claude veut aller à la chocolaterie. Il veut aller à la chocolaterie pour son projet.

La chocolaterie est un magasin où on peut acheter toutes sortes de chocolat. Les chocolateries sont populaires en Belgique. Il y a beaucoup de chocolateries en Belgique.

Claude va à la chocolaterie avec sa mère. Quand ils arrivent devant la chocolaterie, Claude voit beaucoup de chocolats dans la vitrine[23]. Il est fasciné.

---

[23] **vitrine** - shop window

Claude entre dans la chocolaterie. Il regarde **autour de lui**24. **Il n'en croit pas ses yeux**25. Il y a **tellement**26 de chocolat !

Claude est fasciné. Il dit à sa maman :

---

24 **autour de lui** - around him
25 **Il n'en croit pas ses yeux** - He can't believe his eyes
26 **tellement** - so much

– Regarde tout le chocolat !

Sa mère regarde tout le chocolat. Elle répond :

– Oui, je vois tout le chocolat !

Claude continue à regarder autour de lui. Il dit à sa mère :

– C'est incroyable !

La mère de Claude explique :

Le chocolat est populaire en Belgique. Il y a beaucoup de personnes qui aiment le chocolat.

Claude regarde tout le chocolat dans la chocolaterie. Il voit beaucoup de chocolats différents. Il est fasciné. Il est très fasciné par tout le chocolat !

Claude voit un poster avec une liste de chocolats différents. Il regarde la liste.

Claude regarde autour de lui dans la chocolaterie. Il regarde sa maman. Il demande :

– Est-ce que les chocolats sont tellement différents ?

– Il y a plus de 2.000 **chocolatiers**[27] en Belgique. Les Belges aiment manger du chocolat. Les Belges aiment la variété. Chaque chocolat est différent. Chaque chocolat est unique, explique sa maman.

---

[27] **chocolatiers** - chocolate makers

Claude regarde tous les chocolats.

– Claude, à quoi penses-tu ?

– C'est comme les **élèves**[28] de ma classe. Les chocolats sont très différents. Chaque personne est très différente, répond Claude.

– C'est vrai Claude. C'est exactement la **même chose**[29], dit sa maman.

---

[28] **élèves** - students
[29] **même chose** - same thing

– Non, maman. Ce n'est pas la même chose.

– Pourquoi Claude ?

– Parce que tout le monde aime le chocolat. Tout le monde aime les chocolats différents. Et le chocolat n'est pas méchant.

– Oh Claude, je comprends que tu aies[30] des problèmes à l'école. **Je suis**

---

[30] **aies** - have

désolée qu'il y ait[31] des garçons méchants dans ta classe. Regardons tout le chocolat dans cette chocolaterie, dit sa mère.

---

[31] **Je suis désolée qu'il y ait** - I am sorry that there are

CHAPITRE 7

Le chocolat

Claude regarde les autres posters dans la chocolaterie.

Il y a plus de 172.00 tonnes de chocolat produites en Belgique chaque année.

– C'est incroyable ! Il y a plus de 172.000 tonnes de chocolat produites en Belgique chaque **année**[32] ! C'est beaucoup !

– Oui, c'est beaucoup ! dit sa mère.

– Maman, regarde le poster ! Il y a plus de 800 **fèves de cacao**[33] dans un kilo de chocolat ! dit Claude.

---

[32] **année** - year
[33] **fèves de cacao** - cocoa beans

— Maman, Comment est-ce qu'on fait le chocolat ? demande Claude.

— Il y a un ingrédient important pour faire le chocolat, c'est le cacao, dit sa mère.

— Où est-ce qu'on trouve le cacao ? demande Claude.

— Le cacao vient d'un arbre. La majorité du cacao vient d'Afrique de l'Ouest, mais il y a aussi du cacao qui

vient d'Amérique du Sud et d'Asie du Sud-Est.

– Maman, COMMENT est-ce qu'on FAIT le chocolat ? demande Claude.

– Regardons les posters ! dit sa mère.

— On **cueille**[34] des **cosses de cacao**[35] sur les arbres. Après ça, On **extrait**[36] les fèves de cacao des cosses de cacao. Après ça, les fèves de cacao **sèchent**[37] et on **casse**[38] les fèves de cacao pour trouver l'ingrédient le plus important, le cacao. Finalement, on **mélange**[39] le cacao avec différents ingrédients (du sucre, de la vanille, du lait.), explique sa mère.

---

[34] **cueille** - collects
[35] **cosses de cacao** - cocoa pods
[36] **extrait** - extracts, takes out
[37] **sèchent** - dry
[38] **casse** - breaks
[39] **mélange** - mixes

POUR FAIRE LE CHOCOLAT

1.) On **cueille** des **cosses de cacao** sur les arbres.
2.) On **extrait** les fèves de cacao des cosses de cacao.
3.) Les fèves de cacao **sèchent**.
4.) On **casse** les fèves de cacao pour trouver l'ingrédient le plus important, le cacao.
5.) Finalement, on **mélange** le cacao avec différents ingrédients.

– Ouah ! c'est incroyable ! répond Claude.

Plus tard, il retourne à son appartement avec sa mère. Il écrit tout ce qu'il comprend sur le chocolat.

LE CHOCOLAT

- Il y a un ingrédient important pour faire le chocolat, c'est le cacao.

- Le cacao vient d'un arbre. La majorité du cacao vient d'Afrique de l'Ouest, mais il y a aussi du cacao qui vient d'Amérique du Sud et d'Asie du Sud-Est.

- Il y plus de 172.000 tonnes de chocolat produites en Belgique chaque année.

- Il y a plus de 800 fèves de cacao dans un kilo de chocolat.

POUR FAIRE LE CHOCOLAT

1. On cueille des cosses de cacao sur les arbres.

2. On extrait les fèves de cacao des cosses de cacao.

3. Les fèves de cacao sèchent.

4. On casse les fèves de cacao pour trouver l'ingrédient le plus important, le cacao.

5. Finalement, on mélange le cacao avec différents ingrédients (du sucre, de la vanille, du lait, etc..)

CHAPITRE 8

Luc et ses 3 raisons

C'est jeudi et Claude est en classe. Sa prof annonce :

— Aujourd'hui on va échanger les 3 raisons pourquoi on est différent avec **nos**[40] partenaires.

Un autre garçon demande :

— Est-ce qu'on échange avec le même partenaire que pour nos projets ?

---

[40] **nos** - our

Claude ne veut pas travailler avec Luc. Il veut un autre partenaire.

– Oui, la classe va échanger les papiers avec le même partenaire que vos projets. Echangez les papiers, classe ! dit la prof.

Elle s'approche de Luc et Claude. Elle les regarde et dit :

– O.K., Luc et Claude, échangez vos papiers.

Claude regarde Luc. C'est évident que Luc ne veut pas échanger son papier. Pour la première fois, Luc **semble**[41] timide. Il semble nerveux. Les deux garçons échangent les papiers.

Claude regarde le papier de Luc. Claude n'en croit pas ses yeux.

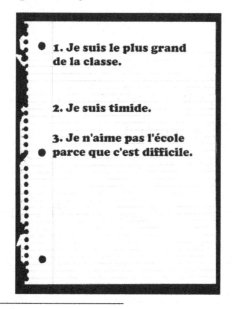

---
[41] **semble** - seems

Luc, timide ? Il n'aime pas l'école ? Il **a écrit**[42] les mêmes choses que moi ? On a quelque chose en commun ? pense Claude.

Luc regarde le papier de Claude. C'est évident qu'il est surpris aussi. Il regarde Claude.

La prof regarde Claude. La prof regarde Luc. Elle demande :

– Claude et Luc, vous êtes similaires ou différents ?

---

[42] **a écrit** - wrote

Claude ne répond pas. Luc ne répond pas.

La prof regarde les papiers de Luc et de Claude. Elle ne dit rien, mais elle **sourit**[43].

Après ça, elle parle avec d'autres élèves de la classe. Finalement, elle demande :

– O.K., classe, qu'est-ce que vous **avez appris**[44] avec cette activité ?

---

[43] **sourit** - smiles
[44] **avez appris** - learned

Une fille de la classe **lève la main**[45].

— Oui, Julie, dit la prof.

— On est similaire **même si**[46] on est différent.

— C'est vrai, Julie. On est tous différent, mais ces différences **nous unissent**[47].

---

[45] **lève la main** - raises her hand
[46] **même si** - even if
[47] **nous unissent** - unite us

Claude regarde autour de lui et lève la main.

– Oui, Claude.

– On a beaucoup en commun.

– C'est vrai, Claude. On a beaucoup en commun, même avec nos différences.

– O.K. classe, demain on va présenter les choses que nous avons recherchées pour nos projets ! On va discuter des choses que **nous avons apprises**[48] avec le projet.

Après cette activité, Luc est un peu différent. Il n'est pas méchant. Il semble... plus sympa.

---

[48] **nous avons apprises** - we learned

CHAPITRE 9

Le projet

Après l'école, Claude va à son appartement.

– Claude, l'école va bien ? Tu parles à d'autres garçons de ta classe ?

– L'école va bien. Luc, le garçon le plus méchant de la classe, et moi, on a quelque chose en commun. C'est bizarre... répond Claude.

Sa mère le regarde. Elle sourit.

Claude travaille sur le projet. Il écrit une composition sur le chocolat. Il écrit tout ce qu'il comprend après sa visite à la chocolaterie avec sa mère.

– Maman, je vais donner des chocolats en classe demain. Je pense que la classe va aimer les chocolats ! Qui n'aime pas le chocolat ? demande Claude.

– Claude, c'est une bonne idée, une très bonne idée, répond sa mère **en souriant**[49].

---

[49] **en souriant** - while smiling

CHAPITRE 10

Une leçon

C'est vendredi et Claude est en classe. Sa prof annonce : « Aujourd'hui on va présenter les projets avec **nos**[50] partenaires en classe.

Claude regarde Luc et pense : « Comment est-ce qu'il va présenter s'il **n'a pas fait**[51] le projet ? »

La prof dit :

– La classe a cinq (5) minutes pour se préparer pour les présentations.

---

[50] **nos** - our
[51] **n'a pas fait** - didn't do

Luc s'approche de Claude.

– Comment va le projet ? demande Luc.

– Il est prêt, répond Claude.

Luc est silencieux. Finalement, il regarde Claude et dit :

— Je comprends si tu veux **dire**[52] à la prof que **je ne t'ai pas aidé**[53] avec le projet.

Claude regarde Luc. Il comprend que Luc est méchant et qu'il n'a pas de raison de l'aider. Mais Claude est sympa. Claude **lui donne**[54] une feuille de papier et une boîte.

— Voici l'information pour expliquer les différents types de chocolat et une boîte de chocolats pour donner un chocolat à

---

[52] **dire** - to tell
[53] **je ne t'ai pas aidé** - I didn't help you
[54] **lui donne** - gives to him

chaque personne de la classe. Je vais expliquer comment on fait le chocolat.

Luc regarde Claude. Il a **de la difficulté à le croire**[55].

« Pourquoi est-ce que Claude m'aide ? **J'étais**[56] méchant avec Claude en classe. Non... j'étais horrible avec Claude. Il n'a pas de raison de m'aider... » pense Luc.

---

[55] **de la difficulté à le croire** - some difficulty believing him
[56] **J'étais** - I was

– Je ne comprends pas... Pourquoi tu veux m'aider ? demande Luc, embarrassé.

– <u>Tout le monde a besoin d'une seconde chance</u>. De plus, on a quelque chose en commun. Et... je comprends que tu n'aimes pas l'école et que tu penses que c'est difficile et je comprends ça ! répond Claude.

Luc regarde Claude et il dit :

– Je suis désolé... Je veux être plus sympa. Je ne veux pas être méchant...

– Je comprends… Tu peux être sympa. Tout le monde peut être sympa. Si tu veux, on peut aller ensemble à la chocolaterie ce week-end. C'est un magasin incroyable ! répond Claude.

Luc ne répond pas, mais il sourit.

Les autres groupes présentent. Finalement, Claude et Luc se présentent. Luc présente en premier. Claude présente après Luc. Il explique tout ce qu'il a appris sur le chocolat.

Comme pour les autres groupes après la présentation, la prof demande :

– Claude, qu'est-ce que tu as appris avec ce projet ?

Claude regarde la classe. Il regarde Luc et dit :

– J'ai appris que comme les chocolats, on est tous différents. Et comme les chocolats, on a tous quelque chose en commun. On a besoin de s'aimer les uns et autres comme on aime les chocolats. Comme le chocolat, on est de tons différents et en même temps de la même couleur. Comme tous les chocolats différents en Belgique qui sont faits du même ingrédient, le cacao, on est fait du même ingrédient, la compassion.

GLOSSAIRE

A
a - has
absent - absent
acheter - to buy
activité - activity
Afrique - Africa
aide - helps
aider - to help
aidé - helped
aies - have
aime - like, likes
aiment - like
aimer - to like
aimes - like
ait - has
aller - to go
allez - go
ami(s) - friend(s)
Amérique - America
animal domestique - pet
annonce - announces
année - year
ans - years old
appartement - apartment
s'appelle - is called
apprendre - to learn
appris(es) - learned
s'approche - approaches
après - after
arbre(s) - tree(s)
arrivent - arrive

as - have
Asie - Asia
au - at the, to the
aujourd'hui - today
aussi - also
autour - around
autre(s) - other
d'autres - other
aux - to the, at the
avec - with
avez - have
avoir - to have
avons - have

B

beaucoup - a lot
belges - Belgian
Belgique - Belgium
besoin - need
bien - well
bizarre - strange
boîte - box
bonne - good

C

cacao - cocoa
casse - breaks
ce - this
ces - these
cette - this
ceux - those
chance - chance
chaque - each
chien - dog
chocolat - chocolate
chocolaterie(s) - chocolate shop(s)

chocolatiers - chocolate makers
chose(s) - thing(s)
classe - class
comme - like, as
comment - how
commun - common
compassion - compassion
composition - composition
comprend - understands
comprends - understand
content - happy
continue - continues
cosse de cacao - cocoa pod
couleur - color
croire - to believe
croit - believes
cueille - collects
curieux - curious

D

d'accord - ok
d'autres - other
dans - in
de - of, from
demain - tomorrow
demande - asks
des - some
dessin - drawing

deux - two
devant - in front of
devoirs - homework
difficile(s) - difficult
difficulté - difficulty
différence(s) - differences
différent(s) - different
différente(s) - different
dire - to say
direction - direction
discuter - to discuss
dit - says
donne - gives
donner - to give
du - of the, from the
désolé(e) - sorry

E

échange - exchanges
échangent - exchange
échanger - to exchange
échangez - exchange
école - school
écrire - to write
écrit - writes
elle - she
embarrassé - embarassed
en - in, while
ensemble - together
entre - between

envoyées - sent
est - is
est-ce que - is it that
et - and
étais - was
ethniques - ethnic
être - to be
Europe - Europe
évident - obvious
exactement - exactly
excellent - excellent
explique - explains
expliquer - to explain
expression - expression
exraite - extracts, removes

F

faire - to do, make
fait - make, did
faits - made
fasciné - fascinated
favori - favorite
feuille de papier - sheet of paper
fille(s) - girl(s)
finalement - finally
fois - times
football - soccer

G

garçon - boy

gaufres - waffles
grand - tall
groupe(s) - group(s)

H

habite - lives
histoire - story
horrible - horrible
humains - humans

I

idée - idea
il - he
ils - they
important - important
incroyable - incredible
information - information
ingrédient - ingrédient
intelligente - smart
intéressante - interesting

J

j' - I
j'ai - I have
je - I
j'étais - I was
jette - throws
jeudi - Thursday
juge - judges
jugent - judge
juste - fair

L

l' - the
la - the
le - the

les - the
lesquelles - which
liste - list
livres - books
lui - him, to him
lundi - Monday

M

m' - me, to me
ma - my
magasin - store
main - hand
mais - but
majorité - majority
maman - mom
manger - to eat
mardi - Tuesday
me - me, to me
meilleur - best
mélange - mixes

mercredi - Wednesday
mes - my
minutes - minutes
moi - me
monde -
montres - show
morocain - Morrocan
méchant(s) - mean

N

n'... pas - not
ne... pas - not
nerveux - nervous
(aux) noisettes - (with) hazelnuts
non - no
nos - our

note - note
nous - we

O

on - we
oreilles - ears
origines - origins
ou - or
ouest - west
oui - yes

P

papier(s) - paper(s)
par - by
parce que - because
parce qu' - because
parle - talks
parler - to talk
partenaire(s) - partner(s)
pas - not
passer du temps - to spend time
pays - country
pense - thinks
penser - to think
penses - think
personne - persone
personnes - people
petit(s) - small, short
peu - little
peut - can
peux - can
plus - more
populaire(s) - popular
poster(s) - poster(s)
pour - for
pourquoi - why

près - near
première - first
premier - first
problème(s) - problem(s)
produites - produced
prof - teacher
projet(s) - project(s)
préparer - to prepare
présentation(s) - presentation(s)
présente - presents
présentent - present
présenter - to present

Q
qu' - that
qu'est-ce que - what
quand - when
que - what, that
quel - what
quelque - some
qui - who
quoi - what

R
raison(s) - reason(s)
recherche - research
rechercher - to research
recherchées - researched
regarde - looks at
regarder - to look at
regardons - look at

retourne - returns
rien - nothing
rire - to laugh
répond - responds

S

s'aimer - to like
s'appelle - is called
s'approche - approaches
sa - his, her
sait - knows
se - itself; themselves
se préparer - to prepare
se présentent - are presenting
seconde - second
semaine - week
semble - seems
ses - his
seul - alone
seulement - only
si - if
silencieux - silent
similaire(s) - similar
similarité - similarity
s'intéresse - is interested
son - his
sont - are
sortes - kinds
souriant - smiling
sourit - smiles
sucrerie - candy
sud-est - southeast
suis - am

sujet(s) - subject(s)
sur - on
surpris - surprised
surtout - especially
sympa(s) - nice
sympathique - nice

T

t' - you, to you
ta - your
tard - late
te - you, to you
tellement - so much
temps - time
tes - your
timide(s) - shy
toi - you
tonnes - tons
tous - all
tout - all
tout le monde - everyone
toutes - all
très - very
travaille - works
travailler - to word
triste - sad
trois - three
trop - too
trouve - finds
trouver - to find
tu - you
types - types

U

un(e) - a, an
unique - unique
unissent -

unite
(les) uns (les autres) - each other

V

va - goes
vais - go
variété - variety
vas - go
vendredi - Friday
veut - wants
veux - want
vient - comes
visite - visits
vitrine - shop window
voici - here is
vois - see
voit - sees
vont - go, are going
vos - your
votre - your
vous - you
vrai - true

Y

yeux - eyes

ABOUT THE AUTHOR

Theresa Marrama is a French teacher in northern New York. She has been teaching French to middle and high school students since 2007. She is the author of many language learner novels and has also translated a variety of Spanish comprehensible readers into French. She enjoys teaching with Comprehensible Input and writing comprehensible stories for language learners.

Theresa Marrama's books include:
Une Obsession dangereuse, which can be purchased at
www.fluencymatters.com

Her French books on Amazon include:
Une disparition mystérieuse
L'île au trésor : Première partie :
La malédiction de l'île Oak
L'île au trésor : Deuxième partie :
La découverte d'un secret
La lettre
Léo et Anton
La maison du 13 rue Verdon
Mystère au Louvre
Perdue dans les catacombes
Les chaussettes de Tito
L'accident
Kobe – Naissance d'une légende
Kobe – Naissance d'une légende (au passé)
Le Château de Chambord : Première partie :
Secrets d'une famille

Her Spanish books on Amazon include:
La ofrenda de Sofía
Una desaparición misteriosa
Luis y Antonio
La carta
La casa en la calle Verdón
La isla del tesoro: Primera parte: La maldición de la isla Oak
La isla del tesoro: Segunda parte: El descubrimiento de un secreto
Misterio en el museo

Los calcetines de Naby
El accidente
Kobe – El nacimiento de una leyenda (en tiempo presente)
Kobe – El nacimiento de una leyenda (en tiempo pasado)

Her German books on Amazon include:
Leona und Anna
Geräusche im Wald
Der Brief
Nachts im Wald
Die Stutzen von Tito
Der Unfall
Kobe – Geburt einer Legende
Kobe – Geburt einer Legende (Past Tense)
Das Haus Nummer 13

Check out Theresa's website for more resources and materials to accompany her books:
www.compellinglanguagecorner.com

Check out her e-books:
www.digilangua.co

Made in the USA
Monee, IL
18 June 2024